AF349414

ENTRE EL CAFÉ Y LA CERVEZA

ExLibric

CARMEN LEÓN SÁNCHEZ

ENTRE EL CAFÉ Y LA CERVEZA

EXLIBRIC

ANTEQUERA 2021

CARMEN LEÓN SÁNCHEZ

ENTRE EL CAFÉ Y LA CERVEZA

CARETAS

Tengo lleno el armario con todo lo necesario:
poca ropa y un catálogo enorme de caretas.

Una careta de colores para los momentos grises.
Una de indiferencia para las preocupaciones.
Una de razón para la locura.
Una de sonrisas para el llanto interno.
Una de orgullo para el arrepentimiento.
Una de amistad para el amor.
Una de «me quiero» para el autoestima por el subsuelo.

Tengo el armario lleno de las caretas
que visto todos los días.
Quítamelas y desnúdame el alma.
Lo mismo te asustas y huyes.
Lo mismo te gusta y te quedas.

Vuela conmigo

Ni me quedo en esta jaula ni a ti te encadeno.

Mis alas me piden volar.
Vuela conmigo y corre el riesgo,
o quédate segura entre los barrotes,
pero yo más jaulas no quiero.
En una jaula no se vive,
solo se respira, se come y se canta por obligación.

Vuela conmigo.
Viajemos más allá del mundo conocido.
Cantemos lo que queramos,
cuando queramos.
como queramos.

Solo quiero probar la libertad
y que tú la pruebes a mi lado.

LOS OJOS DE LOS LEONES

Mi padre tiene los ojos de mi abuelo
y yo tengo los ojos de mi padre.

Ojos del color del café que nos mantiene despiertos
hasta la madrugada.
Ojos de poesía y acuarela.
Ojos que ocultan secretos, inseguridades y mentiras.
Los ojos del quiero y no puedo.
Ojos que miran al suelo mientras caminamos
por senderos desconocidos,
que han vivido siempre en el bando vencido.
Ojos que esconden alegrías y dolores,
que miran a la luna buscando respuestas
a preguntas innecesarias,
que observan pequeños detalles
invisibles para otros ojos.
Ojos de pólvora de una guerra que no acabó en el 39.
Ojos que lo dicen todo y no dicen nada.
Ojos que de cuando en cuando se hidratan
con lágrimas tardías.
Ojos que miran a la inmensidad del mar
deseando perderse en ella,
y que algunas veces lo consiguen y les cuesta encontrar
el camino de vuelta a casa.
Ojos que lo mismo te dan ventoleras y tormentas
que te regalan sombra en agosto.

Mi padre tiene los ojos de mi abuelo
y yo tengo los ojos de mi padre.

Los ojos de los leones que no saben rugir.

EL BLOQUE DE LOS NADIES

En el bloque de los nadies los vecinos no se saludan por los rellanos. En el primer piso viven Rosario y su cama, amantes inseparables que de tanto quererse ni comen; si salen a la calle ni viven. En el 2º A la joven Eva suspira en secreto por la chica del 2º B, que convive con un espejo asesino. En el 3º por cada grito que suelta Andrea un moretón le crece y una raya desaparece en la nariz de su marido. En el 4º A vive Mohamed, que antes de salir a cualquier lugar vigila por la mirilla para no encontrarse con su vecino Paco y su patriotismo. En el 5º piso a la vieja María le empieza a fallar la cabeza y guarda la fruta en el cajón de los calcetines y los calcetines en el cajón de la fruta. Enfrente vive Antonio, y su día a día consiste en mirar fotos de su difunta mujer y en rezarle a todos los santos que conoce para que lo devuelvan pronto a sus brazos. El pequeño Albertito del 6º A carga a la vez con la mochila del colegio y la de la humillación, y de vez en cuando se pregunta por qué su vecino del 6º B se llama Vanesa y viste como una chica. En el 7º vive Juan Armando con miedo y sin papeles. En el 8º, una familia en silencio. En el 9º, un lobo estepario. En el 10º no vive nadie, porque los antidisturbios se han encargado de que así sea. En el resto de los infinitos pisos del bloque de los nadies viven infinitos nombres e infinitas historias que son la esencia del mundo entero.

Si muriera mañana

Si muriera mañana, no quiero
que derrames ni una lágrima.
Abre puertas y ventanas,
y disfruta de la vida,
que son dos días
y el primero ya se acaba.
Haz ese viaje a París,
la ciudad del amor y las cursilerías,
y pásate por Ámsterdam
y otros lugares que no conocía.
Léete ese libro que nunca
abrí de mi estantería.
Busca la sombra de un árbol
y disfruta de Miguel Hernández y Machado,
y ten a Kavafis en la mesita
para deleitarte cada noche.
En los trayectos de autobús
auriculares, Mercedes Sosa y Joaquín Sabina.
En el alma, carnavales
y flamenco en cada esquina.
Mira a la luna llena
y busca las respuestas
que nunca logré encontrar.
Siéntate en la orilla del mar
y admira la belleza
del atardecer en La Caleta,

el paraíso de los poetas.
Tómate cada tarde un café en la Alameda.
Apréndete de memoria mis poemas
y luego quémalos en una hoguera.
Recítalos mentalmente en avenidas y callejuelas.
Camina lentamente por las calles de Mairena
y arrodíllate ante el castillo y su grandeza.
Ten siempre a Marx
en el bolsillo y en la mente.
Déjate llevar
por los vientos de poniente.
Vive por siempre
entre el cielo y el infierno,
entre lo malo y lo bueno,
entre el desierto y el océano,
entre los dioses y la gente.

Pero vive,
que yo te espero en la eternidad
pacientemente.

Ay, Carmela

«¿Quién se acordaba de ti en la batalla del Ebro?»

No sé, Carmela.
No sé cuál sería tu cara,
tu rostro de pena
al saber que la quinta brigada
no nos cubrió de gloria,
sino de llanto y miseria.

Ay, Carmela…
«Tu delito fue soñar
y despertar de aquel sueño».
Soñar con la libertad
que te prometió un miliciano
antes de partir hacia el Ebro.

Ay, Carmela…
Aquel 16 de noviembre
tu corazón morado
se tiñó de negro.

Por el río abajo
naufragan tus besos.
Carmela miliciana y republicana.
Carmela, la de España.
Carmela, la del Ebro.

No sé cuál sería tu rostro
ni vi tu corazón morado
teñirse de negro,
pero tu nombre ha quedado
en la canción de tu pueblo.

Fachada

Cuando te pierdes por la misma senda.
Cuando el pasado se recuerda mejor
y el presente se presenta extraño.
Cuando tropiezas con la misma piedra
que tiraste sin esconder la mano.
Cuando en tu interior batallan el odio y la pena.
Cuando has deshojado todas las flores del ramo.
Cuando el miedo entra por la puerta
y la felicidad se queda en paro.
Cuando sientes que la ira
se pasea a su antojo.
Cuando buscas una salida
y la soga te guiña el ojo.
Cuando te miras al espejo
y no reconoces tu reflejo.
Cuando la sociedad te tacha de despojo.
Cuando las abuelas se despiden
y se reúnen los hermanos.
Cuando le ofreces a un tarambana tu mano.
Cuando le das a Satanás lo que pide.
Cuando convives con el perro del hortelano.
Cuando te conviertes en un lobo estepario
y la soledad es tu fiel compañera.
Cuando no sale el sol en las mañanas
y los nubarrones hacen acto de presencia,
recuerda:

Traga saliva, respira hondo y mira al frente.
La cabeza siempre arriba y la careta de valiente.

MI PUEBLO

Oh, pueblo mío,
pueblo que calla,
y cuando digo pueblo
no hablo del pueblo español.
Hablo de mi verdadero y único pueblo.
Mi pueblo lo forma la gente corriente
y es multicultural y plurilingüe.
Mi pueblo habla español, ruso,
cualquier idioma africano.
No, el señorito andaluz no es mi paisano.
No, Amancio Ortega no es mi hermano.
Mis hermanos son Mohamed, Giovanni, María.
Mis hermanos son aquellos que sufren día a día
el látigo de un tirano imperialista.
Mas mis hermanos están faltos de conciencia
y mueren explotados, y son desahuciados
y el hambre deja a sus hijos en la miseria,
pero ellos no se preparan para la guerra.
Les han metido la palabra pacifismo en la cabeza
y el pacifismo es un lobo con piel de cordero
que deja al pobre desarmado
y al poderoso bañado en dinero.
Pueblo mío…
De tanto poner la otra mejilla la tienes ensangrentada.
Levántate, anda y recuerda:
Sin guillotina no se hizo la Revolución francesa.

POR QUÉ SERÁ, ANDALUCÍA

Será porque cuando te miro
se me escapa más de un suspiro
por la boca y por la mirada.

Será que aunque pase el tiempo,
te sigo escribiendo versos
desde el fondo de mi alma.

Será porque en el horizonte
de tus playas y tus montes
encuentro un poco de esperanza.

Compañera,
la servil y obrera
Reina del sur.
La eterna olvidada
de los castellanos,
que desprecian tu acento
y se apropian de tu encanto.
La gitana piconera.
La flamenca aceitunera.

En tus atardeceres naranjas
se refleja el alma de todo andaluz,
el alma de los poetas del sur.
Escucho en una suave brisa de verano
un poema de Machado

mientras veo como la luna de plata de Lorca
se cierne sobre tus campos,
dando muerte a mi tierra,
la olvidada por los castellanos.

Por la Alhambra.
y por la Alameda.
Por Medina
y por La Caleta.
Por Almonte
y por Baeza.
Por la Alcazaba
y la Malagueta.

Quiero a mis hermanos obreros,
no a los señoritos que manchan tu nombre.
Esos que identifican mi tierra
con sangre y capotes.
Quiero a mis hermanos obreros,
los que por la mañana labran el campo
y por la tarde labran tu nombre.
Quiero a los astilleros carnavaleros
que se juegan la vida en mar y pasodobles.

Andaluces, levantaos.
Basta de ser el bufón, la criada, el cateto.
Somos mucho más que eso.
Somos el arte hecho carne
y la carne hecha de tierra.

Sacad la bandera verde, blanca y roja,
hijos de Blas Infante.
Desenterrad a los abuelos y tomad sus armas,
que si los fascistas están en el Parlamento,
nosotros luchamos en la calle
a golpe de rabia y garganta.
Que nuestro orgullo es más grande
que nuestro sufrimiento.
No salgamos solo a la calle el 4 de diciembre
y hagamos una fiesta del 28 de febrero.

Kashtanka

*Si hubiese sido persona, a buen seguro
habría pensado: «No, esta vida es imposible.
¡Hay que pegarse un tiro!»*

Kashtanka, de Anton Chéjov.

Me despierto cada mañana con cantos de jilguero y la barriga llena. Olor a gardenias inunda mis fosas nasales. Ni blando colchón ni compañía me faltan.

No me falta nada, o así debería ser.

El día transcurre entre alegría y jolgorio, y el azul se va tiñendo de negro y a la bola de fuego le sustituye la bola de plata.

No me falta nada, o así debería ser.

Pero la oscuridad de la noche se mete por mis ojos y por mi alma, y los fantasmas que habitan en mi subconsciente se me escapan. Me piden explicaciones, me insultan, me golpean, me desprecian, se ríen de mí, me arañan. Miro a la luna en busca de ayuda. Ella me mira con compasión y da media vuelta, mostrándome su cara más oculta y sincera.

No me falta nada, o así debería ser.

Pero lo que tendrían que ser dulces sueños son pesadillas sádicas. Así transcurren las noches… deseando que llegue el día.

«¿Y si vuelvo?», le pregunto a la reina de las estrellas, pero ella me mira con ternura y condescendencia. Una claridad naranja aparece lentamente en escena, y antes de que la reina se marche a su alcoba espera a que le recite las mismas palabras de cada madrugada: «Antes de volver al canto de los cuervos, a la barriga rugiendo, al olor a azufre, al duro suelo y a la soledad, me quedo aquí, como debe ser». Ella me sonríe, orgullosa, y se marcha otras doce horas.

SANGRE MORADA

Si ellos tienen la sangre azul,
yo la tengo morada.
Morada es la sangre de mi pueblo.
Morada del jornal y la palabra.
La morada que ondea el viento.
El viento que corre por mi alma.
Alma morada como mi sangre
y como la sangre de mi gente derramada
que me pide a gritos una Tercera,
que con el puño en alto me levante
y que alto alce mi bandera.
Morada de guerrilleros y poetas,
y morada de la quinta brigada.
Morada libre y soberana.
Morada y roja de Lenin.
Roja de la lucha de la clase obrera.
Morada y roja de Julita Conesa.
Hermana, tu nombre no se borrará de la historia
y tampoco el de tus compañeras.

CAMBIAR LA HISTORIA

Me atormenta lo efímero de la vida. El saber que estamos aquí sin saber nuestra fecha de caducidad. Que somos algo insignificante dentro de un país. Más aún dentro de un continente. Del mundo. De la Vía Láctea. Del universo. No somos nada. «Venimos del polvo y en polvo nos convertiremos». Nada es eterno. Ni tu vida, ni la mía, ni la Tierra, ni el sol ni cualquier otra estrella. Ni siquiera el propio universo.

Vivimos como si supiéramos que vamos a llegar a los cien años, y la realidad es que no tenemos ni idea. No sabemos si mañana nuestro mejor amigo puede tener un accidente, a nuestra madre le pueden diagnosticar un cáncer terminal o a nuestro hermano puede darle un ataque. ¿Es duro leer esto? Sí, pero más dura es la propia vida. No sabemos si mañana estallará la guerra o nos encontraremos en medio de un atentado.

Creernos eternos es la peor de las vanidades y el peor miedo cuando van pasando los años y nos damos cuenta de que no hemos disfrutado como queríamos. Sobre todo en estos últimos tiempos, en los que de las veinticuatro horas que tiene el día se nos van doce con la mirada clavada en una pantalla. Nos la pasamos subiendo historias y nos olvidamos de vivir nuestra historia. De hacer historia. De cambiar la historia.

LA REVOLUCIÓN

La revolución duerme en el alma de los obreros esperando
a ser despertada.

El sueño de Paula

Dentro de tres años acabaría la universidad con matrícula y con la carrera de sus sueños. Un viaje a Grecia para celebrarlo. Trabajaría más tarde en lo que más le gustaba. Alquilaría un piso en Madrid con su chica y lo decorarían a su gusto. Viajes. Muchos viajes: Roma, París, Ámsterdam, China. Inviernos de mantas y chocolates calientes. Atardeceres de verano mientras ve cómo la estrella que siempre nos alumbra desaparece bajo la inmensidad del mar. Novelas y poemarios leídos y por leer. Su primera hija. Su segundo hijo. Una bonita rutina de la que escaparía de vez en cuando. El café algunas tardes junto a su familia y las copas algunas noches junto a sus amigos. Esa es la vida que Paula soñaba despierta andando sola por la calle de camino a casa. Esa es la vida que se esfumó de golpe en el preciso momento en que un coche paró a su lado, y el resto de la historia no hace falta que la cuente.

EL HIMNO DE MI PAÍS

Al himno de mi país le falta letra y le sobra charanga
y pandereta.

ROSA

Por cada pétalo que cae
crece una espina,
que no embellece,
pero protege.

ESPAÑOLITO QUE VIENES AL MUNDO

«Una de las dos Españas ha de helarte el corazón»,
decía Machado

Y yo no sé cuántas había en sus tiempos,
pero en los míos hay más de dos.

La antigua España roja y republicana
y la terrorífica España del dictador.

La de los españoles con orgullo
y la del orgullo de los que no quieren serlo.

La de los barrios pobres ambidiestros.

La de Andalucía para el arte y el flamenco,
y para la educación pobre
y la sanidad por el subsuelo.

La de la ultraderecha, la derecha y la derechita
en el Parlamento,
y la izquierda dormida en el alma de los obreros,
que no se despierta
por mucho que la pisen,
por mucho que la acribillen,
por mucho que la maten.

La de la memoria histórica de nuestros abuelos
y bisabuelos que encontraron la muerte
frente al pelotón de fusilamiento.

La de los poetas en cunetas
y los asesinos en monumentos.

La de la democracia de 40 años
que no deja votar la emancipación de un pueblo.

La de difuntos terroristas de Euskadi
y terroristas vivos en la Zarzuela.

La del hermano que asesinó a su sangre por un trono
y cuyo linaje sigue su camino
con una corona, cinco flechas, un yugo y un flojo.

La de la justicia injusta con jueces
que hacen a su vez de jurado y de verdugo,
de predicadores, raperos y titiriteros.

La de las violaciones convertidas
en abusos y en indultos.

La de capotes de grana, oro y sangre
convertidos en vergüenza nacional.

La de los padres desempleados
y los hijos exiliados.

La del «pan y circo», pero sin pan.

La antigua mora con desprecio
y la actual cristiana sin impuestos.

La que está entre el amor y el odio,
entre lo embriagado y lo sobrio.

«Españolito que vienes al mundo,
te guarde Dios»,

que yo no sé
si hay solo una
o si hay más de dos,

pero a mí todas me hielan el corazón.

LA CARLOTA

Labios de fresa envenenada del Edén,
Cabello de fuego,
ojos de océano,
piel de canela y miel.

Carlota sale a la calle,
alquitrán en los pulmones
y whisky en la sangre.
Los niños dormidos,
que mañana hay clase.

La María Magdalena de Triana.
La Pretty Woman de Lavapiés.
La Fulanita de Tal de Zaragoza.
El pecado sin nombre del beato infiel.

«La más señora de todas las putas.
La más puta de todas las señoras»,
le cantó Sabina una vez.

Cuerpo con curvas recorridas
por las manos ásperas
de ministros, electricistas, camioneros
y sobrinos de monarcas.

Carlota no necesita burdel,
que no hay luces más llamativas
que sus senos,
ni alcoba más cómoda
que el asiento de un todoterreno.

Las señoras infelices del barrio
la miran con recelo.
Y sus maridos infelices
la miran con deseo.
Ella sonríe con la frente alta
y la falda corta.
Los niños sonríen
con el puchero en la mesa
y la nueva ropa.

PUREZA

Cuando el milagro de la vida,
gestado en el vientre de una hembra,
arranca su primer grito,
el mundo nos da una nueva oportunidad:
la oportunidad de cambiar la humanidad
o de empeorarla.

Es curioso cómo, depende de las coordenadas,
el pequeño proyecto está destinado
a dormir entre algodones o paja.

El corazón y el alma del nuevo retoño
es la envidia más profunda y secreta
de pobres y poderosos,
porque está libre de toda moralidad inmoral,
prejuicios absurdos y valores caducados.

La criatura no distingue entre riqueza o pobreza,
tonos de piel ni genitales.
Solo ríe cuando le apetece,
llora sin vergüenza
y aprecia el refugio del calor de unos brazos
aunque aún no sabe de qué le protegen.

Pero el tiempo no perdona
ni a dioses ni a reyes,
y a la vez que va curando heridas
va fabricando arrugas.

Ay, pequeño…
Quién pudiera protegerte siempre
de la maldad de los mayores.
De aquellos que o vendieron su alma al diablo,
o la tienen negra como el tizón.
De aquellos que si no te matan de hambre o pólvora,
te robotizan en una escuela
y te alienan con una religión.
De la codicia, la envidia, el orgullo, la ambición…
Quién pudiera cambiar el mundo de un soplido
para que no halles en él pena, miseria ni dolor.
Quién pudiera llenarte siempre de amor.

Suspiros de España

Las madres no abandonan a sus hijos.
España va con nosotros y vivirá en nuestro corazón
hecha recuerdo y esperanza y copla y suspiro.

Estrellita Castro, en *Suspiros de España.*

Por las calles de España
se escucha un suspiro de madrugada
y al compás de un pasodoble,
me hierve la sangre
y me tiemble el alma.

Suspira la inocencia de una niña confusa
que callada escucha cómo pelean los mayores
por causas que creen justas, pero faltas de valores.

Suspira la ilusión moribunda del joven
que sabe que el futuro le espera
lejos de nuestros horizontes.

Suspiran los ancianos recordando un pasado
no tan lejano de sangre y ceniza,
y suspiran las abuelas que anteayer
pasaron hambre en la cocina.

Suspira Alberti desde el exilio de su tumba
y suspiran en las cunetas esqueletos de poetas
y cadáveres de obreros que te amaron con pureza.

Criaste cuervos, Madre, te sacaron los ojos
y ahora te exhiben en rojigualda como trofeo.
Cantaste la Nana de la hierbabuena
y dormiste la conciencia de los obreros.

La razón me pide una revolución,
pero con el corazón te miro y muero de miedo.
Miedo de volver al pasado y ver al hombre
matar al hermano.
Miedo de ver destruida Guernica.
Miedo de recordar a Carmela camino del Ebro.

Si por mí fuera,
la única bomba caería en el Parlamento,
acabaría con los vendepatrias,
destruiría las dos Españas
y traería un aire nuevo.

No quiero ser como el corazón
de aquel rayito de sol
que Dios convirtió en mujer.

No quiero suspirarte, España.
Quiero inspirarte y exhalarte,
cantarte un pasodoble y ver tus rosales florecer.

QUIÉN NO CONOCE SU HISTORIA...

Está condenado a repetirla,
y quien solo conoce el pasado, también.

«¿Cómo es posible que los nazis asesinaran a tantos
y la gente no hiciera nada?»,

te preguntas bajo la sombrilla en tu hamaca,
mientras una fila de ahogados
yace en las orillas de tus playas.

¿Tú dices Auswitch?
Yo digo Mediterráneo.
¿Tú dices Hitler?
Yo digo Unión Europea.

«¿Cómo es posible que el partido nacionalsocialista
ganara las elecciones?»,

te preguntas sentado en tu sofá,
mientras la ultraderecha se manifiesta
y el mismo hedor a odio entra por la puerta.

«Qué pena los pobres judíos»,
los mismos que han pasado de víctima a villano
en la sede de un Estado ilegítimo.

«Los benditos estadounidenses ganaron la guerra»,
los mismos que ahora bombardean
a sirios y palestinos, pero nadie hace nada.
«Así es el dinero».
La primera potencia mundial de la indecencia.
El país hundido en sangre y cuerpos negros.

Tú dices Polonia.
Yo digo Gaza.
Tú dices Ana.
Yo digo Aylan.

Tú miras atrás.
Yo miro al frente.
Tú, indignado por el pasado.
Yo, sufriendo ante el presente.

Dentro de un siglo los nietos de tus nietos
te mirarán con incredulidad y descontento
por tu falta de acción ante los hechos.

Te mirarán a ti,
no al espejo.

REENCARNACIÓN

No le tengo envidia al rico,
ni al poderoso,
ni al inteligente,
ni al enamorado.

Le tengo envidia al pájaro.

A aquel que estira sus alas
y apunta hacia arriba.
Al que sin jaulas ni ataduras
atraviesa las nubes.
Al que sintiendo la brisa en su cara,
cierra sus ojos y abre su alma
encontrando aquella paz
que les prometen a los humanos
cuando se les acabe la vida.
A aquel que no entiende
ni de historia ni filosofía
y solo vive el presente,
sin ser consciente
de su inmensa suerte.
Al que a las seis de la mañana
con su pico de oro
despierta a una solitaria anciana
y le da motivos para vivir otro poco.
Al que sobrevuela azoteas

con ropa tendida del color del dolor,
la desesperación y la angustia,
y no se inmuta y sigue su vuelo,
porque sabe que en otras azoteas
han visto otros compañeros
ropas más oscuras.

Si la reencarnación existe,
convertirme en ave querría.
Si no existe,
me conformo con mirar al cielo
y estar viva.

DENTRO DE CINCUENTA AÑOS

Mirando a las nubes me pregunto
si dentro de cincuenta años me preguntaré
si mereció la pena

pasarme la mitad de mi juventud
estresada por una carrera;
salir a la calle con el puño en alto
luchando por los que se quedan en el sofá;
intentar cambiar una historia
que en el fondo de mi corazón
sabía que no cambiaría jamás;
que las acciones de otros
me dejaran huellas tal y tan grandes
que ni el más feroz de los vientos barrería;
perderme aquella borrachera y aquellas risas
llorando por quien no lo merecía;
perdonar aquella bala que me disparó a bocajarro
aquel cuarto o quinto amor de mi vida;
sonreírle a aquel banquero
que con una firma dejaba a niños sin techo.
Sonreírle a aquel policía
que después aporreó a aquel obrero;
hacerle más caso del que debía al espejo;
leer más las redes sociales que los libros viejos.

Dentro de cincuenta años me lo preguntaré.
De momento, viviré.

LA P DE CHILE

Piñera empieza por P
y por P empieza Pinochet.

Chile vive un flashback en presente y en dolor
y por El Loa naufraga la canción
de desaparecidos, muertos y violadas
que no escaparon de las garras
del discípulo del dictador.

Los hijos y nietos de las presas del comandante
salen a la calle
y juntos y sin armas combaten
a un ejército sin alma,
que sin corazón ni conciencia
a su propio pueblo masacra.

Se declara el estado de emergencia
y la guerra se asoma a la ventana.

Hermanos chilenos,
guerrilleros de corazón,
salid a las calles
para evitar el nacimiento
de un nuevo dictador.

LA DAMA DEL PONCHO ROJO

Ayer soñé que me emborrachaba contigo,
¡y vaya sueño!

Entraste por las puertas
con tu poncho rojo y tus maneras,
y el salón se iluminó.

Un tequila, dos, tres… ahogando las penas.
Nos reímos y hablamos de la vida,
y llegamos a la conclusión
de que nada nos enseñaron los años,
que siempre caemos en los mismos errores.
Míranos, brindando siendo extrañas,
llorando por los mismos dolores.

En el último trago
nos fuimos del Tenampa
y en medio de la madrugada
vislumbramos en la luz de la luna
a aquella mujer de flores en el pelo
que no necesitaba pies,
pues le bastaban sus alas para volar
entre acuarelas y poesía.

Más tarde nos acordamos de Macorina
y lloramos por José Alfredo
al compás de ranchera,
y tú, agotadas tus lágrimas,
alzaste el vuelo cual paloma negra.
Y yo deambulé por el boulevard de los sueños rotos,
imaginando en mi risa tu llanto.

Ojalá te vaya bonito, Chavela.

DUELO A GARROTAZOS

Se baten en duelo a garrotazos
un voxtante y un pesoísta:
uno creyéndose guerrero patrio
y el otro un verdadero socialista.

Los naranjas, morados y azules
animan al uno y al otro,
cual si la vida en ello les fuera
con el incondicional apoyo
de un buen cacho de tela.

Y mientras cae un diluvio
de falacias e insultos,
brindan los dirigentes en las gradas
con vino tinto, jamón de bellota
y una buena mariscada.

MEDITERRÁNEO

Yo, que en la piel tengo el sabor amargo del llanto eterno.
Que han vertido en ti cien pueblos, de Algeciras a Estambul
para que pintes de azul sus largas noches de invierno.
A fuerza de desventuras tu alma es profunda y oscura.

Mediterráneo, de Joan Manuel Serrat.

Quizá porque mi niñez
sigue jugando en tu playa.
Quizá porque mi piel se eriza
cuando veo tu inmenso azul
besarse con el naranja.
Quizá porque me abruman los recuerdos
de los castillos de arena
que hice y deshice en tu cuerpo
y de cada baño que me refrescaba la vida
y me daba un aire nuevo.
Quizá por la inmensa paz y serenidad
que sienten mis dedos
cuando tu preciosa arena se escapa entre ellos.
Quizá por aquellos besos
con tus olas y la luna de testigo.
Quizá por tantos momentos de niñez y juventud
que viviste conmigo.

Quizá por eso, y solo por eso,
tengo el cuerpo lleno de horror y lágrimas
al contemplar impotente
como a la vez eres
tan bello y tan macabro,
tan sereno y enfebrecido,
tan bondadoso y malvado
y tan, tan injusto,
que mientras le concedes a unos
el regalo de una eterna infancia,
a otros le otorgas la maldición
de tu agua asesina en sus pulmones
y de su sangre teñida en tu orilla.

DIATRIBA AL ARREPENTIMIENTO

Fui a Comala en busca de respuestas.
Rechacé más de un par de cervezas.
Apuré el último sorbo del más amargo de los vinos.
Me miré al espejo más tiempo del que debía.
Disfruté de malas compañías.
Desaproveché el último soplo de vida.
Lloré mis penas con una desconocida.
Eché mal aquel polvo de despedida.
No le pedí más tiempo al tiempo.
Seguí hasta la muerte la ley del mínimo esfuerzo.
Me fumé más de dos escuchando a Sabina.
Vi cómo se alejaban mis sueños
en un barquito velero por la bahía;
los despedí agitando mi mano
y cogí el camino que no debía,
dándole largas al que me exigía argumentos.
A la Virgen de la Amargura le hice más de un rezo
tras incumplir con soltura los diez mandamientos

Mil y un errores.
De ninguno me arrepiento.

A DOBLE O NADA

Jugando a la ruleta de la vida
aposté sin ningún remordimiento
miles de buenos y malos recuerdos
sin tener que emplear ninguna criba.

Me jugué aquel beso de despedida,
aquel romance y aquellos sonetos,
esas charlas de café con mi viejo,
mil borracheras con filosofía.

Las riñas y enseñanzas de mi madre,
ideales, principios y creencias,
dos mil relatos de posguerra y hambre,

el abrazo que no le di a la abuela
y el puro que no acabé de fumarme.
A doble o nada, y terminé en la quiebra.

VOLVER CONTIGO

Volver contigo fue
jugar a ser Damocles,
bailar al filo del acantilado,
aferrarse a un clavo ardiendo sin motivo,
dejar crecer la barba tras ver afeitado al vecino.
Temerles más a las golondrinas que a los cuervos,
sembrar las tempestades que acabé recogiendo,
echar leña al fuego consumido,
preguntar por saber tras escuchar al tiempo,
vestir a la mona de seda y encaje,
predicar sin la palabra,
cubrir las cicatrices con vendaje,
pintar de rojo la esperanza.

HE VISTO

He visto a sabios poniendo ladrillos
y a catetos de traje y corbata,
a filósofos del cervecismo
y a patriotas con bandera y sin patria;

a yonquis del consejo de ministros
y a transeúntes de la madrugada,
a andaluces intentando hablar fisno
y a estudiantes que salieron ranas.

He visto miedo, angustia y dolores
donde debía ver sonrisas y amor,
arrepentimientos y perdones,

sangre marrón y seca en el paredón,
pensamientos intrusivos a borbotones,
noches de tristeza, recuerdos y ron.

UN MUNDO FELIZ DE 1984

Soma en forma de like.
Soma en forma de tuit.
Soma en alcohol y cannabis.
Soma al consumir.

El gobierno te receta y proporciona soma,
y cuando levantas la cabeza,
dejas el móvil,
apagas la televisión
y dices NO:

el Gran Hermano entra en acción.

ABELES

Tengo tres hermanos de sangre
y algunos millones más de clase.

Por ellos vivo.
Por ellos lucho.
Por ellos muero.

Somos los Abeles de la historia real
luchando contra Caínes
que nos matan de guerra y hambre
desde que el mundo existe.

Somos las víctimas constantes
de la explotación y alienación,
y somos los que salimos de esta última,
los que alzaremos la voz
e iniciaremos con nuestros hermanos
la anhelada revolución.

Y CRIARON MELENAS

«Un saludo de esta mujer que sigue esperando
a que las ranas críen pelo».

María Martín se murió esperando
a que las ranas criasen pelo.
El Chato esperaba a que volara
un cerdo en concreto.
Y maldita su suerte, que voló con él.
Hay casualidades que hacen
que la sangre tiemble.

Los poetas de España siguen esperando
a que el viento barra cunetas.
Los antiguos generales asesinos
quedan impasibles plasmados en las calles.

Mi bisabuelo espera en su fosa común
con otros bisabuelos,
mientras sus almas errantes
vagan por el cabo Carvoeiro.

Los demagogos del gobierno
esperan traficando con penas
a que el olvido del pueblo
haga acto de presencia.

Que esperen sentados.

EN EL TELEDIARIO

Buenas tardes:

Ha bajado la tasa de contagios.
A otras diez mujeres han asesinado.
Pfizer, Astrazéneca, Moderna, etcétera.
Ha subido el paro.
Ha bajado la bolsa.
Ha subido la bolsa.
Ha bajado el paro.
Abascal ha criticado a Sánchez.
Sánchez ha contestado.
Bildu, Esquerra, Teruel existe,
pero ya no Ciudadanos.
Veinte fiestas ilegales.
Ha subido la tasa de contagios.
La UCI está colapsada.
Los independentistas se han manifestado.
Los ultraderechistas han protestado.
Han muerto cuarenta palestinos.
Ha dicho algo el presidente de los Estados Unidos.
Ha marcado ocho goles Ronaldo.
Un cantante de Albacete está triunfando.
Se ha hecho viral el vídeo de un gatito.

Muchas gracias.
Nos vemos mañana con el nuevo noticiario.

OJERAS NEGRAS

Yo soy yo

cuando me levanto para currar y pongo la cafetera;
cuando leo tres veces el mismo poema;
cuando escucho a Compay
con los auriculares por la carretera;
cuando lleno mi mente de frases hechas.

Yo soy yo

cuando me río con mis amigos y unas cervezas;
cuando me emociono recordando a las abuelas;
cuando hablo con algún desconocido
de política y miseria;
cuando juego con el gato y paseo a la perra.

Yo soy yo

cuando la culpa me asalta de noche y la paso en vela;
cuando pienso en lo que no debería haber dicho,
lo que debería haber hecho y lo que haría ella;
cuando me desquicio librando
en mi mente inútiles guerras;
cuando me levanto al día siguiente con ojeras negras.

MIL Y UN MOTIVOS

La ternura en los ojos de una abuela
La risa de una madre devolviendo la primavera
El amor octogenario de los viejos quereres.
La ilusión de un niño viendo la cabalgata de reyes.
Ese ladrido que cura heridas.
La magia infinita de tu boca sobre la mía.
El sol en la cara tras la tormenta.
La combinación mágica de amigos y cerveza

Mil y un motivos para vivir la vida.

ENCANTO

Dame un perfume de azahar.
Dame una copita de manzanilla.
Un atardecer naranja sobre los mares.
Un fandango por Carmen Linares.
Los vellos de punta en una cofradía.
Un farolillo en cada esquina.

Dame tu encanto perpetuo, Andalucía.

POEMA CORTO DE UN CORTO DESAMOR

Ya tus ojos no me hablan.
Ya mi boca no te echa de menos.
No veo belleza en tus palabras
y no me importan tus celos.
Me da pereza replicarte
en las discusiones sin sentido
que empiezas.
Aborrezco tu nombre, tu presencia.
Me molestan tus costumbres.
No me duele tu ausencia.

No nos ha pasado nada.
Simplemente se nos acabó el amor.
Se nos rompió el mañana.

LA MENTE EN BLANCO

Déjame en paz.
Quiero apagar el móvil.
Ponerle pausa a la vida.
Fumar mientras escucho a Bob Dylan.
Olvidar nostalgias y decepciones.
Quedarme vacía por dentro
y llenar de música mi pecho.
Quiero olvidarme hasta de mi nombre.
Fantasear con que nadie me conoce.
Entrar en un limbo de buenas sensaciones.
Dejar el cerebro y el corazón en barbecho.
Expulsar de la memoria los desechos.
Quiero huir del mundanal y humano ruido.
Tumbarme en el césped oyendo a los pájaros.
No pensar,
la mente en blanco.

INVIERNO

Me tiemblan la piel, los huesos y el alma.
Me invade la soledad abundante de la madrugada.
El aire congela los labios y el pensamiento,
titiritando de frío sin que me cante la cigarra,
deseando que el invierno solo dure un momento.

Abrázame,
que son las seis de la tarde y ya ha anochecido,
que me quema por dentro este insoportable frío.

Abrásame,
descongela mi alegría y los recuerdos no vividos,
salgamos a la calle sin vergüenza ni abrigo.

Vente conmigo.
Matemos a la rutina y al hastío.
Quitémonos las penas con brío.

Sálvame
de la Nochebuena
y de ver los platos vacíos.

Nuestro Parnaso

Escribiendo un verso,
bebiendo de ese vaso,
me quedo en silencio
pensando en ese beso,
recordando aquel abrazo
que nos dimos hace tiempo
en aquel nuestro Parnaso.

ENTRE EL CAFÉ Y LA CERVEZA

Tengo la mesa desordenada,
llenita de papeles rotos,
de poemas sin acabar,
de la soledad y sus demonios,
de amores eternos de un mes,
del sonido de las olas del mar,
de ojos verdes y labios rojos,
de recuerdos que obstruyen el alma,
de la pobreza de muchos,
de la riqueza de pocos,
de ideas que confluyen
con sentimientos que se expresan
entre el café y la cerveza.

Índice

Sobre la autora

Carmen León Sánchez (Mairena del Alcor, Sevilla) nació el 4 de junio del año 2000 en el seno de una familia obrera. Actualmente está cursando el grado de Humanidades en la Universidad Pablo de Olavide. Su pasión por la literatura y, en especial, por la poesía, la ha llevado a escribir y publicar su primer libro, *Entre el café y la cerveza*.